# 하나님을 만난 사람들 3

Bible Study

## 인물 3

롯 | 모세 | 갈렙 | 아간 | 한나
사무엘 | 요아스 | 에스더 | 에스라1,2

gtm _ 권지현 지음

# 글로벌틴 성경공부의 구성과 사용법

글로벌틴 성경공부는 크게 마음열기, 생각하기, 나의 이야기로 구성되어 있습니다. 이 세 가지 부분의 목적을 숙지하여 진행하시면 효과적인 성경공부에 도움이 됩니다.

## 마음열기

'마음열기' 는 구성원들의 입이 열리게 하고, 그날의 주제에 대해 관심이 열리게 하는 데 목적이 있습니다.
우선 '먼저읽기' 지문을 읽습니다. 이것은 '마음열기' 질문에 쉽게 답할 수 있도록 준비된 것입니다. 그리고 나서 마음열기 질문에 대해 구성원들이 돌아가면서 대답을 하게 합니다.
'마음열기' 는 대단히 중요한 단계입니다. 여기서 대화와 관심이 열리게 되면, 이후의 진행에서 학생들이 자발적으로 참여하는 즐거운 성경공부가 가능케 되기 때문입니다. 시간은 5분(전체 30분일 경우) 정도가 좋습니다.

## 생각하기

'생각하기' 는 그날의 주제에 대한 성경의 가르침이 무엇인지 배우고 확신하는 데 목적이 있습니다. 글로벌틴 주제별 시리즈에서는 전달자에 의한 편차를 최소화하고, 많은 내용을 보다 효과적으로 전달할 수 있게 하기 위해 중요한 부분만 괄호처리하고, 나머지는 다 해설과 함께 서술해 두었습니다. 그러므로 긴 부가설명이나 파생된 주제 언급 없이 최대한 교재 내용 전달에만 집중해 주시면 충분한 교육효과가 나타나게 될 것입니다. 시간은 15-20분(전체 30분일 경우) 정도가 적당합니다.

## 나의 이야기

'나의 이야기' 의 목적은 오늘 공부한 내용을 구성원들 개인의 상황에 구체적으로 적용시키는 데 있습니다. 그러므로 이 부분은 그날 공부에 대한 총 결산이라고 할 만큼 중요한 부분입니다. 그러므로 인도자는 구성원 한명 한명이 개인적인 적용을 할 수 있도록 격려해야 합니다. 시간은 5분 이상(전체 30분일 경우)이 적당합니다.

*글로벌틴 주제별시리즈는 개역개정판 성경을 사용하고 있습니다.

# 인물3

# Contents

먼저읽기

이것은 사단의 부하 '거짓 평화'가 사람들에게 행하고 있는 자기의 역할을 보고하는 내용입니다.
"나는 소돔의 생활방식이 한참 유행하고 있을 때 그러한 세상으로부터 고통받는 사람들에게 여러 가지 핑곗거리를 주어 그 속에서 머뭇거리도록 함으로 자기도 모르는 사이에 적응하여 평화를 되찾을 수 있도록 도왔습니다. 또 나는 영혼들이 하나님의 법을 어긴 것에 대해 괴로워할 때 그들이 평온함을 되찾을 수 있도록 힘썼습니다. 특히 나는 하나님의 심판과 영원한 멸망에 대해 두려워하는 사람을 만날 때마다, 그들의 관심을 여러 가지 다른 것으로 분산시킴으로 그것을 잊을 수 있게 하기 위해 노력했습니다."

# 실패자의 삶을 산 의인 롯

마음열기

지금 당신의 마음에 있는 평화는 혹시 거짓 평화가 준 것은 아닙니까?

생각하기

**1. □□□□을 따라나선 롯**

롯은 아브라함이 안정된 생활을 버리고 하나님의 명령을 따라갈 때 그를 따라가기로 결정했습니다.

창 12:4 이에 아브람이 여호와의 말씀을 따라갔고 롯도 그와 함께 갔으며 아브람이 하란을 떠날 때에 칠십오 세였더라

롯에게 아브라함은 큰아버지입니다. 아들이 없던 아브라함은 롯을 친아들처럼 아꼈고 아버지를 일찍 여읜 롯 역시 아브라함을 친아버지처럼 따랐습니다. 이처럼 아브라함 가장 가까이에 있던 롯은 그의 영향을 받을 수밖에 없었습니다.

당신이 주로 함께하는 사람이 바로 당신에게 가장 많은 영향을 끼치고 있는 사람입니다. 당신은 어떤 사람 곁에 주로 머무르고 있습니까?

**2. □□에 매료된 롯**

아브라함은 가나안 땅에 기근이 닥치자 불신앙으로 애굽으로 내려간 적이 있습니다. 당시 애굽은 한마디로 새로운 세상과 같은 풍요의 땅이었습니다. 그러나 아브라함은

애굽 땅에서 겪은 일들을 통하여 물질적인 것보다 하나님만을 의지하는 믿음을 성장시키게 되었습니다.
애굽에서 돌아온 아브라함은 롯과의 관계에서 물질적인 문제로 인해 다툼이 생기자 모든 것을 양보하는 태도를 보이고 있습니다.
창 13:9 네 앞에 온 땅이 있지 아니하냐 나를 떠나가라 네가 좌하면 나는 우하고 네가 우하면 나는 좌하리라

그러자 애굽으로 함께 내려갔던 롯은 소돔과 고모라 땅을 선택했습니다. 이 같은 선택을 하는 데에는 애굽에서 받은 영향이 컸습니다.
창 13:10 이에 롯이 눈을 들어 요단 지역을 바라본즉 소알까지 온 땅에 물이 넉넉하니 여호와께서 소돔과 고모라를 멸하시기 전이었으므로 여호와의 동산 같고 애굽 땅과 같았더라
사실 롯이 선택한 소돔은 여호와 앞에 큰 죄악의 도시였습니다(창 13:13). 하지만, 애굽의 영향으로 물질주의에 빠진 롯에게는 그 땅이 에덴동산처럼 보였던 것입니다.

### 3. 소돔에 뿌리 내린 롯
소돔으로 내려간 롯은 주변 국가들과 전쟁에 휘말려, 적대국의 왕에게 사로잡혀 가게 되었습니다. 이 소식을 들은 아브라함은 즉시 자기 군사를 이끌고 쫓아와 롯을 비롯한 소돔의 모든 백성과 재물을 구출했습니다. 소돔 왕은 이 같은 아브라함의 도움에 감사하여 탈환한 재물을 모두 가지라고 말했습니다. 그러나 아브라함은 소돔 왕이 제안하는 물질에 아무런 관심도 없었으며(창 14:22-23), 오직 하나님이 주시는 영적인 축복만을 구하였습니다.

롯은 자기가 당한 시련과 아브라함의 이 같은 신앙적인 모습을 보면서 그제라도 깨닫고 소돔을 떠나야 했습니다. 하지만, 롯은 더욱더 그 사회에 뿌리를 내렸습니다.
창 19:1 저녁 때에 그 두 천사가 소돔에 이르니 마침 롯이 소돔 성문에 앉아 있다가 그들을 보고 일어나 영접하고 땅에 엎드려 절하며
고대사회에서 성문은 지도자들이 회의를 하는 장소였습니다. 롯은 소돔 성에서 완전히 기반을 잡고 정착했던 것입니다.

### 4. 고통하면서도 지체하는 롯
소돔 성에 사는 롯은 마음으로 많은 고통을 겪어야만 했습니다.
벧후 2:7-8 무법한 자들의 음란한 행실로 말미암아 고통 당하는 의로운 롯을 건지셨으니 이는 이 의인이 그들 중에 거하여 날마다 저 불법한 행실을 보고 들음으로 그 의로운 심령이 상함이라

**그러나 롯은 이 죄에서 벗어나는 데는 계속해서 지체했습니다.**

창 19:15–16 동틀 때에 천사가 롯을 재촉하여 이르되 일어나 여기 있는 네 아내와 두 딸을 이끌어 내라 이 성의 죄악 중에 함께 멸망할까 하노라 그러나 롯이 지체하매 그 사람들이 롯의 손과 그 아내의 손과 두 딸의 손을 잡아 인도하여 성 밖에 두니 여호와께서 그에게 자비를 더하심이었더라

이처럼 죄악 가운데 사는 신자 롯의 삶은 윤리의식이 마비되었고 아무런 영향력도 끼칠 수 없었습니다.

1) □□적 무감각

창 19:8 내게 남자를 가까이 하지 아니한 두 딸이 있노라 청하건대 내가 그들을 너희에게로 이끌어 내리니 너희 눈에 좋을 대로 그들에게 행하고 이 사람들은 내 집에 들어왔은즉 이 사람들에게는 아무 일도 저지르지 말라

롯은 자기 집에 온 손님을 보호하기 위해 선뜻 자기 딸들을 내놓겠다고 제안하고 있습니다.

2) 무능한 영향력

창 19:14 롯이 나가서 그 딸들과 결혼할 사위들에게 말하여 이르기를 여호와께서 이 성을 멸하실 터이니 너희는 일어나 이 곳에서 떠나라 하되 그의 사위들은 농담으로 여겼더라

롯은 자기 사위들에게 진지하게 설득하고 간증했지만 그들의 귀에는 농담으로 들릴 뿐이었습니다.

롯의 시대는 오늘날 우리가 살고 있는 시대와 흡사합니다(눅 17:28–30).

롯은 우리에게 좋은 '반면교사'가 되고 있습니다.

### 나의 이야기

■ 나는 좋은 영향을 끼치는 믿음의 사람 주위에 머무르고 있습니까?

■ 내가 지금 롯처럼 결단하지 못하고 머뭇거리는 부분은 무엇입니까?

정답 | ①아브라함 ②애굽 ③윤리

# 오늘 신앙

그리스도인의 관심사는 과거나 미래가 아니고 현재입니다.
우리의 과거는 이미 그리스도의 피 아래로 들어갔고, 우리의 미래 역시 그의 보호하심 안에 들어있기 때문에, 우리에게는 매순간 그리스도와 함께 행하는 것만이 남아있기 때문입니다. 그런데도 우리는 과거나 미래에는 굉장히 비중을 두면서 당면한 현재의 중요한 도전들은 피해버리는 경향이 있습니다.
우리는 흔히 죄를 범했을 때 이렇게 말하며 스스로를 위로합니다.
"물론 이런 행동들은 신자로서 옳지 못하다. 그러나 여하튼 나는 이미 중생했다. 나는 그리스도의 피로 깨끗함을 받았으며 영생을 얻었다."
이 때문에 우리의 현재의 삶은 항상 미숙한 상태에서 벗어나지 못하고 있는 경우가 많습니다.
사단도 이와 동일하게 우리가 현재의 삶에 무관하도록 만드는 데 그의 온 힘을 기울입니다.
그는 우리로 하여금 과거의 실패를 보도록 만들거나 혹은 앞으로 일어날 동일한 실패를 예견하게 함으로 우리를 절망과 낭패의 구렁텅이에 빠지게 만듭니다.
"너의 과거의 지독한 교만과 이기심, 음란함과 실패들을 한번 되돌아 보라. 그래도 네가 중생했다고? 내 말을 믿으라. 너는 앞으로도 계속 비참하게 패배할 수밖에 없을 것이다!"

과거의 영적인 체험에 기대어 현재의 삶에 무성의한 것을 변명하려 하거나 또는 과거의 실패 때문에 그릇된 정죄 아래 들어가거나 미래에 대한 공포에 질려서는 안 됩니다.
참된 신앙의 첫걸음은 예수와 함께 오늘을 사는 것이며 계속적인 부흥의 비결도 오늘 그분의 말씀대로 행하는 것입니다.
하나님은 오직 우리의 오늘에 관심이 있습니다.

# 자아가 깨어진 사람 모세

먼저읽기

'온유'란 흔히 유순한 태도나 부드러운 말씨 등과 같이 소극적인 의미를 가진 단어로 인식되고 있습니다.
하지만, 이 말의 원어에는 '잘 길들여진 야생 말', '주인 앞에 고분고분 하는 사나운 사냥개'와 같은 힘찬 뜻이 담겨 있습니다.
즉 온유의 참뜻은 '잘 통제되어진 능력'으로, 특별히 하나님과의 관계에서 자아를 하나님께 전적으로 순복시키는 적극적인 태도를 의미합니다.

마음열기

당신은 남들로부터 '온유하다'는 말을 듣는 편입니까? 옆의 글에서 볼 때 당신의 온유는 참된 온유입니까?

생각하기

모세의 인생은 세 단계로 나눌 수 있습니다.

**1. □□ 모세**

첫 단계는 40살까지 이집트 왕자 시기입니다. 모세는 태어날 때부터 아주 준수한 아이였습니다(출 2:2). 그리고 모세는 총명하여 재왕의 학문에 두루 뛰어났으며 정치에 박학한 사람으로 성장해갔습니다.

행 7:22 모세가 애굽 사람의 모든 지혜를 배워 그의 말과 하는 일들이 능하더라

그뿐만 아니라 모세의 가슴속에는 아무도 모르게 여호와에 대한 믿음과 압제 받는 자기 민족에 대한 애정, 그리고 민족해방에 대한 열정이 끓어오르고 있었습니다.

히 11:24-25 믿음으로 모세는 장성하여 바로의 공주의 아들이라 칭함 받기를 거절하고 도리어 하나님의 백성과 함께 고난 받기를 잠시 죄악의 낙을 누리는 것보다 더 좋아하고

모세는 40세가 되자 자기 민족 이스라엘을 돌아보게 되었습니다.

행 7:23-24 나이가 사십이 되매 그 형제 이스라엘 자손을 돌볼 생각이 나더니 한 사람

이 원통한 일 당함을 보고 보호하여 압제 받는 자를 위하여 원수를 갚아 애굽 사람을 쳐 죽이니라

민족해방을 도모하고 있던 모세는 이 일 후에 기대와 흥분으로 가득 차게 되었습니다.

행 7:25 그는 그의 형제들이 하나님께서 자기의 손을 통하여 구원해 주시는 것을 깨달으리라고 생각하였으나 그들이 깨닫지 못하였더라

하지만, 그 결과는 기대와는 달리 자기 민족에게 버림받고(출 2:14), 처절한 실패자가 되어 광야로 도망가는 신세가 되는 것이었습니다.

하나님은 왜 이처럼 모든 부분에서 준비된 인생 황금기의 모세를 사용하시지 않았을까요? 왜 하나님은 자기의 안일을 버리고 민족독립을 도모하던 모세가 실패하도록 내버려두셨을까요?

|도움| 그 이유는 인생 첫 단계의 모세는 '자아가 살아있는 사람'이었기 때문입니다. 모세가 하려는 일은 신앙적이고 선한 일이었습니다. 하지만, 그가 가장 신뢰하고 있던 대상은 다름 아닌 바로 자기 자신이었습니다. 하지만, 인간의 자아는 전적으로 타락했기 때문에 결코 하나님의 뜻을 이룰 수 없고 궁극적으로는 불완전과 무능함과 변절밖에는 나타내지 못합니다. 그래서 하나님은 자아가 깨어지지 않은 사람은 사용하실 수 없는 것입니다.

## 2. ☐☐가 깨어지는 모세

모세의 인생의 두 번째 단계는 80살까지의 광야 40년간입니다. 도망 나온 사막에서 모세는 처음에는 자기 실수에 대한 안타까움과 그 은혜를 모르는 유대인에 대한 분노, 또 한번 자기 능력을 발휘해 보고 싶은 욕망으로 인해 무척 괴로워했을 것입니다.
그러나 실오라기 같은 기회도 주어지지 않고 40년이란 세월이 흘렀습니다. 그러는 사이 모세는 점점 자신이 얼마나 덧없고 죄된 존재인지를 절감하게 되었습니다.

하나님은 모세가 80살이 되었을 때 다시 그에게 민족해방의 사명을 주셨습니다.
그러나 이 소명 앞에서 모세는 자기는 무능해서 안된다고 고백합니다.

출 4:10 모세가 여호와께 아뢰되 오 주여 나는 본래 말을 잘 하지 못하는 자니이다 주께서 주의 종에게 명령하신 후에도 역시 그러하니 나는 입이 뻣뻣하고 혀가 둔한 자니이다

하나님은 "누가 입을 지었느냐 누가 말 못하는 자나 못 듣는 자나 눈 밝은 자나 맹인이 되게 하였느냐 나 여호와가 아니냐 내가 네 입과 함께 있어 할 말을 가르쳐 주겠다" 라고 격려하셨습니다. 그러나 그때도 모세는 자기가 적임자가 아니라고 말하고 있습니다.

출 4:13 모세가 이르되 오 주여 보낼 만한 자를 보내소서

모세는 하나님께서 진노하실 때까지 진심으로 그 사명을 거절하고 있습니다. 그는 광야 40년 동안 자아가 완전히 깨어지게 된 것입니다. 그런데 하나님은 자신감과 포부로 가득 찬 야망의 왕자 모세를 사용한 것이 아니라 자기에 대해 완전히 포기해버린 바로 이 모세를 들어서, 그것도 가장 위대하게 사용하셨습니다.

### 3. ☐☐☐의 사람 모세

모세의 인생 세 번째는 120살까지 하나님의 위대한 도구로 사용된 40년간입니다.
이 기간 동안의 모세를 가장 잘 나타내 주는 성경구절은 아래와 같습니다.
민 12:3 이 사람 모세는 온유함이 지면의 모든 사람보다 더하더라
'온유'란 자아가 완전히 깨어져 하나님만을 의지하는 상태를 이르는 말입니다.

모세의 마음에는 항상 이런 생각으로 가득했습니다.
"나는 무지하고 무능하고 순간적이지만 여호와 하나님은 전지하시고 전능하시며 영원하시다. 나는 무능하지만 내게 능력 주시는 하나님 안에서 나는 모든 것을 할 수 있다."
이처럼 자아가 완전히 깨어진 모세는 하나님과 친구처럼 사귈 수 있었고(출 33:11), 백성들의 죄를 사하기 위해 자기 이름을 생명책에서 지워달라고까지 간구할 수 있는 사람이 되었습니다(출 32:32).
하나님께서 사용하신 모든 사람들의 한 가지 공통점은 '자아가 깨어지고', '그 안에 예수께서 온전히 주인이 되신 사람'이었다는 점입니다.

#### 나의 이야기

■ 나는 지금 모세의 인생 세 단계 중 어디에 해당합니까?

■ 자아가 깨어지고 예수님이 온전히 주인된 온유한 삶을 간구하는 시간을 가집시다.

정답 | ①왕자 ②자아 ③하나님

# 쉼을 주는 멍에 – 온유

많은 사람이 끊임없이 자기의 이름을 지키기 위해 노력하며, 자신을 거스르는 말에 대해 도전하고, 자기보다 다른 사람이 선택되는 것을 볼 때 잠을 자지 못하고 뒤척인다.
그들은 언제나 인정받지 못할까, 감동시키지 못할까, 선두를 차지하지 못할까 염려하며 걱정한다.
예수님은 이와 같은 무거운 짐 아래 눌려 있는 사람들에게 참된 쉼의 길을 보여주셨다.
그것은 주님의 멍에, 곧 '온유'이다.
"나는 마음이 온유하고 겸손하니 나의 멍에를 메고 내게 배우라 그리하면 너희 마음이 쉼을 얻으리니"(마 11:29).
우리는 예수님에게서 참된 온유를 온전히 발견하게 된다.
예수님은 분명 세상의 구세주로 오셨지만 삼십 세가 되실 때까지 세계에서 가장 작은 나라, 가장 가난한 마을에서 한 노동자로 조용히 사셨다.
또, 아무 항변과 저항도 없이 모든 사람의 저주와 비웃음 가운데 죽음을 맞으셨다.
하지만, 그분은 하나님이 책망하시는 자를 책망했고, 하나님이 분노하실 때 분노하셨으며, 하나님께서 기뻐하시는 일이라면 무엇이나 하셨고, 이 땅에서 하나님의 뜻을 남김없이 이루시는 삶을 사셨다.

지금까지 우리는 자신이 인생의 모든 짐을 지고 있는 것처럼 서두르고, 염려하고, 우쭐대며 살아왔다. 그러나 우리가 예수님의 발 앞에 무릎 꿇고 그분의 온유함에 굴복하는 순간, 이런 모습은 모두 사라져 버릴 것이다. 그리고 이 멍에를 지고 가는 자는 주님의 말씀대로 쉽고, 가벼움을 알게 될 것이다. 우리가 이 멍에를 지고 갈 때 주님은 그것을 자신의 멍에라고 부르시며, 우리의 다른 쪽 끝에서 우리와 함께 지고 가시기 때문이다.

먼저읽기

사람은 흔히 나이가 들어가면서 무뎌지고 현실적이 됩니다. 그런데 가끔 연세가 있으신데도 민감함을 잃지 않은 분을 만나게 됩니다. 그들은 아직도 작은 것에 감동하며, 꿈을 말하면서 눈빛이 반짝입니다. 그럴 때면 우리는 경의 가운데 삶에 대한 강한 도전을 받게 됩니다.

신자란 어쩌면 당연히 그와 같은 삶을 살아야 하는 사람입니다. 왜냐하면, 주인이신 예수님은 우리가 당신의 모습을 닮아갈 수 있도록 인도하고 계시기 때문입니다. 바울은 다음과 같은 고백을 하고 있습니다. "우리의 겉사람은 낡아지나 우리의 속사람은 날로 새로워지도다"(고후 4:16).

# 변함없는 믿음과 순종의 사람 갈렙

## 마음열기

당신에게는 지금 눈빛을 반짝거리게 하는 꿈이 있습니까?

## 생각하기

〔장면1〕 가나안 정탐을 마친 열두 정탐꾼의 보고 시간

열두 명의 정탐꾼들이 가나안에서 보고 온 두 가지는 그 땅의 비옥함과 거주민의 강성함이었습니다.

민 13:27-28 모세에게 말하여 이르되 당신이 우리를 보낸 땅에 간즉 과연 그 땅에 젖과 꿀이 흐르는데 이것은 그 땅의 과일이니이다 그러나 그 땅 거주민은 강하고 성읍은 견고하고 심히 클 뿐 아니라 거기서 아낙 자손을 보았으며

그러나 땅에 대한 결론적인 평가와 정복에 대한 전망은 서로 전혀 달랐습니다.

1) 열 정탐꾼의 평가와 전망

민 13:32 이스라엘 자손 앞에서 그 정탐한 땅을 악평하여 이르되 우리가 두루 다니며 정탐한 땅은 그 거주민을 삼키는 땅이요 거기서 본 모든 백성은 신장이 장대한 자들이며

민 13:31 그와 함께 올라갔던 사람들은 이르되 우리는 능히 올라가서 그 백성을 치지 못하리라 그들은 우리보다 강하니라 하고

2) 갈렙의 평가와 전망

민 14:7 이스라엘 자손의 온 회중에게 말하여 이르되 우리가 두루 다니며 정탐한 땅은 심히 아름다운 땅이라

민 13:30 갈렙이 모세 앞에서 백성을 조용하게 하고 이르되 우리가 곧 올라가서 그 땅을 취하자 능히 이기리라 하나

동일한 것을 보고 온 갈렙의 결론이 이렇게 상반된 이유는 그가 거대한 아낙 자손이나 견고한 성들보다 [ ][ ][ ]를 더 크게 생각했기 때문입니다.

민 14:8 여호와께서 우리를 기뻐하시면 우리를 그 땅으로 인도하여 들이시고 그 땅을 우리에게 주시리라 이는 과연 젖과 꿀이 흐르는 땅이니라

### 〔장면2〕 그로부터 45년 후 가나안 정복시에 여호수아 앞에 선 갈렙

각 지파별로 정복전쟁을 앞둔 시점에서 갈렙은 제일 먼저, 그리고 아무도 달가워하지 않는 헤브론 땅을 여호수아에게 구하고 있습니다.

수 14:12 그 날에 여호와께서 말씀하신 이 산지를 지금 내게 주소서 당신도 그 날에 들으셨거니와 그 곳에는 아낙 사람이 있고 그 성읍들은 크고 견고할지라도 여호와께서 나와 함께 하시면 내가 여호와께서 말씀하신 대로 그들을 쫓아내리이다 하니

헤브론 땅은 어떤 면에서 정복하기 어려운 곳이었습니까?

- 지형 : [ ][ ]
- 적군 : [ ][ ][ ][ ]
- 요새 : 크고 견고함

이 외에도 갈렙은 이미 85세의 노인이었습니다.

하지만, 그가 이렇게 담대한 요구를 할 수 있었던 것은 그에게 40년 전과 조금도 변함없는 여호와에 대한 믿음이 있었기 때문입니다.

성경은 갈렙이 헤브론을 차지하게 된 이유를 그가 [ ][ ][ ] 여호와께 순종했기 때문이라고 밝히고 있습니다.

신 1:36 오직 여분네의 아들 갈렙은 온전히 여호와께 순종하였은즉 그는 그것을 볼 것이요 그가 밟은 땅을 내가 그와 그의 자손에게 주리라 하시고

'온전히 순종했다' 라는 표현에 사용된 원어는 '하나님께서 만족하실 정도로 충분히 순종했다' 라는 의미입니다. 이 단어는 성경 전체를 통해 오직 갈렙과 여호수아에게만 사용되고 있는 것입니다.

이상의 두 장면에서 가나안에 들어가 그 땅을 정복할 수 있었던 갈렙의 온전한 믿음과 순종에 대해 묵상해봅시다.

룻
모세
갈렙
아간
한나
사무엘
요아스
에스더
에스라 1
에스라 2

## 나의 이야기

■ 만약 내가 정탐 보고를 한다면 나는 갈렙의 편에 서 있었을까요? 아니면 열 정탐꾼의 편에 서 있었을까요?

■ 하나님을 향한 나의 믿음과 나의 순종을 45년 동안 변함없었던 갈렙의 그것과 비교해 봅시다.

나의 믿음

나의 순종

■ 나에게 있는 산지는 무엇입니까? 이 산지를 향한 믿음의 선포를 기록해봅시다.

정답 | ①여호와 ②산지 ③아낙 사람 ④온전히

# 영적 건강의 비결

갈렙은 가나안 땅의 장대한 아낙 자손을 보고 이렇게 선언했습니다.
"그 땅 백성을 두려워하지 말라 그들은 우리의 밥이라!"(민 14:9).
밥이란 먹는 것입니다. 보면 기운을 솟게 하는 것입니다.
갈렙에게 있어서 그 땅의 거민들은 키가 큰 밥일 뿐이었습니다.
갈렙은 하나님의 약속을 믿고 따른 것만이 아니라 약속을 이행하는 도중에 있는 문제점들을 대수롭지 않게 여겼습니다.
갈렙처럼 모든 참된 신자들은 하나님을 믿을 뿐만 아니라 기타 모든 방해거리에 대해서 가볍게 여기는 법을 알아야 합니다.

그런데 많은 사람이 하나님의 말씀과 뜻을 발견하는 것은 고기반찬으로 여기고 좋아하지만 그들 앞에 다가오는 아낙 자손은 피해버리려고 합니다.
이런 사람은 영적으로 강건할 수가 없습니다.
왜냐하면, 밥 없이 반찬만 먹는 꼴이 되기 때문입니다.
아낙 자손을 밥으로 여겼던 갈렙은 85세가 되어서도 청년처럼 하나님 나라를 위해 싸울 수 있었습니다.

사단이 우리 앞에 놓아두는 갖가지 어려운 문제들이나 시험은 결국 우리를 위한 밥이 될 따름입니다.
그래서 하나님을 믿지 않는 사람은 어떤 큰 문제를 보기만 해도 덜커덩 겁을 내지만 진정으로 하나님을 믿는 사람은 "하나님을 찬양하리니, 보라 여기 밥이 있구나!"하고 말하게 됩니다.

만처읽기

사단의 부하들은 자신의 이름 바꾸는 것을 좋아합니다.
예를 들어 사단의 부하인 '탐심이'는 자신의 이름을 '절약'으로, '자만이'는 '담대'로, '불신이'는 '겸손'으로 각각 그 이름을 바꾸어서 사람들의 마음 문을 두드립니다.

# 공동체에 악영향을 미쳤던 아간

마음열기

사람들은 당신의 어떤 점이 좋다고 말합니까?
그런데 혹시 그것은 사단의 부하가 이름을 바꾼 것은 아닐까요?

생각하기

### 1. 아간의 범죄

하나님은 가나안 땅의 첫 성인 여리고를 정복할 때 모든 물건을 불사르거나 파괴하고, 없어지지 않는 금, 은, 동철 같은 것은 하나님의 전에 드리라고 명하셨습니다. 이것은 죄악으로 가득 찬 가나안 땅에 대한 하나님의 엄중한 진노를 상징하는 것입니다.

하지만, 아간은 여리고 성을 함락시킬 때에 여러가지 물건들을 숨겼습니다.

수 7:21 내가 노략한 물건 중에 시날 산의 아름다운 외투 한 벌과 은 이백 세겔과 그 무게가 오십 세겔 되는 금덩이 하나를 보고 탐내어 가졌나이다 보소서 이제 그 물건들을 내 장막 가운데 땅 속에 감추었는데 은은 그 밑에 있나이다 하더라

이 같은 아간의 행위는 죄에 대한 하나님의 진노를 무시하는 처사였으며, 하나님께서 미워하시는 것을 아끼는 끔찍한 범죄 행위였습니다.

아간의 범죄는 세 단계를 거쳐 이루어졌습니다.

그는 [  ]으로 보고 [  ][  ]으로 담하여 결국 [  ]으로 그것을 취하게 된 것입니다.

이것은 죄의 성장과정을 잘 보여줍니다. 눈을 지키는 것이 마음과 손을 지키는 지름길입니다.

## 2. 범죄의 결과

여리고 성을 무너뜨림으로 사기충천해 있던 이스라엘은 그보다 작은 아이 성과의 전투에서 패배함으로 두려움에 떨게 되었습니다.

수 7:4-5 백성 중 삼천 명쯤 그리로 올라갔다가 아이 사람 앞에서 도망하니 아이 사람이 그들을 삼십육 명쯤 쳐죽이고 성문 앞에서부터 스바림까지 쫓아가 내려가는 비탈에서 쳤으므로 백성의 마음이 녹아 물 같이 된지라

이스라엘이 소수의 대적도 이기지 못한 이유는 바로 아간의 범죄 때문입니다.

수 7:12 그러므로 이스라엘 자손들이 그들의 원수 앞에 능히 맞서지 못하고 그 앞에서 돌아섰나니 이는 그들도 온전히 바친 것이 됨이라 그 온전히 바친 물건을 너희 중에서 멸하지 아니하면 내가 다시는 너희와 함께 있지 아니하리라

'바친 것' 이란 하나님의 영광을 위해 완전히 파괴해야 했던 여리고의 모든 보화를 말하는 것입니다. 곧 아간의 범죄로 말미암아 하나님은 그들과 함께하시지 않았던 것입니다.

하나님께서 심판하신 것을 간직하는 행위는 스스로를 하나님 앞에 심판의 대상으로 만드는 것입니다.

## 3. 범죄와 공동체

하나님은 아간의 사건에 대해 ☐☐☐☐이 범죄했다고 말씀하시며 이스라엘 자손들에게 진노하셨습니다.

수 7:1 이스라엘 자손들이 온전히 바친 물건으로 말미암아 범죄하였으니 이는 유다 지파 세라의 증손 삽디의 손자 갈미의 아들 아간이 온전히 바친 물건을 가졌음이라 여호와께서 이스라엘 자손들에게 진노하시니라

신자는 공동체의 일원으로서 지체의 범죄에 영향을 주고 또 그것으로 인해 영향을 받고 있습니다. 그러므로 우리는 지체들이 범죄하지 않도록 함께 노력해야 합니다.

히 12:15 너희는 하나님의 은혜에 이르지 못하는 자가 없도록 하고 또 쓴 뿌리가 나서 괴롭게 하여 많은 사람이 이로 말미암아 더럽게 되지 않게 하며

한편, 하나님은 범죄자를 색출하기 위해 모든 백성들을 지파대로 당신 앞에 나아오게 하셨습니다.

수 7:14 너희는 아침에 너희의 지파대로 가까이 나아오라 여호와께 뽑히는 그 지파는 그 족속대로 가까이 나아올 것이요 여호와께 뽑히는 족속은 그 가족대로 가까이 나아올 것이요 여호와께 뽑히는 그 가족은 그 남자들이 가까이 나아올 것이며

롯 모세 갈렙 아간 한나 사무엘 요아스 에스더 에스라1 에스라2

이스라엘 백성들은 이 일을 통해 한편으로는 하나님 앞에서 아무것도 숨길 수 없음을 체득하게 되었을 것이고, 다른 한편으로는 비록 아간처럼 행동으로 옮기지는 않았지만 마음속에 동일하게 가지고 있던 죄에 대해 두려운 마음으로 회개하는 시간을 가지게 되었을 것입니다.

### 4. 아골의 소망

아간은 아골 골짜기에서 처형당했습니다. '아골' 은 '고통' 이라는 의미입니다.
그런데 이 아골 골짜기에 대해서 다른 성경에는 소망의 문이 되는 축복을 약속하고 있습니다.

호 2:15 거기서 비로소 그의 포도원을 그에게 주고 아골 골짜기로 소망의 문을 삼아 주리니 그가 거기서 응대하기를 어렸을 때와 애굽 땅에서 올라오던 날과 같이 하리라

이 말은 죄에 대해 고통하고, 고통스럽게 심판받은 그 자리가 참된 소망의 출발점이 된다는 의미입니다. 하나님은 아무리 큰 죄라 하더라도 진정으로 그것을 고통하는 자에게는 소망의 문을 열어주는 분이십니다.

**나의 이야기**

■ 죄가 개인과 공동체 전체에 악영향을 미친 경험이 있으면 나누어봅시다.

■ 나에게 있는 아간의 모습에 대해 아골 골짜기와 같은 참회의 시간을 가집시다.

정답 | ①눈 ②마음 ③손 ④이스라엘

# 징계를 받을 때

하나님은 신자의 성품이 하나님과 같이 되도록 일련의 환경을 안배하여 배우게 하신다. 이 같은 환경을 바로 '징계' 라고 한다. 그러므로 하나님의 징계는 매일매일 우리에게 다가오는 강하고 날카로운 말, 찌푸린 얼굴, 예의바르지 못한 대우, 비난, 뜻밖의 어려움, 집안 식구들의 무책임, 그리고 때로는 질병과 궁핍함 등이다.

그런데 많은 신자가 하나님의 징계를 너무 가볍게 여긴다. 그래서 심지어 그리스도인이 된 지 10년이 지났지만 한 번도 하나님의 징계를 받아본 적이 없는 것 같다는 사람도 있다. 그는 환경을 통해서 치시고 다루시고 조각하시려는 하나님의 목적을 보지 못한 채 그냥 어리둥절하게 지나 보낸 것이다.

이것은 크나큰 손실이다. 그러므로 하나님의 자녀는 먼저 하나님의 징계를 중요시하는 것을 배워야 한다. 무슨 사소한 일을 당하게 될 때에, 돌부리에 걸려 넘어지거나 어디에 부딪히게 될 때에도 '이것이 무슨 뜻일까', '왜 이 같은 환경이 임했을까' 하는 자세가 필요하다.

하지만, 또 어떤 신자들은 징계를 받을 때 하나님께 벌을 받는다고 생각하여 너무 의기소침해 한다. 하지만, 하나님께 징계받는 것은 그분이 나를 자기 아들로 생각하신다는 증거로 우리에 대한 하나님의 우대하심이다. 한 과목 한 과목 징계가 더해지는 목적은 우리로 하나님의 거룩함에 참여케 하시기 위함이다.

성경은 우리에게 하나님의 징계에 대한 바른 태도를 가르쳐 주고 있다.

"내 아들아, 주의 징계하심을 경히 여기지 말며, 그에게 꾸지람을 받을 때에 낙심하지 말라. 주께서 그 사랑하시는 자를 징계하시고, 그가 받아들이시는 아들마다 채찍질하심이라" (히 12:5~6).

먼저읽기

많은 신자가 그들의 열망이 고통처럼 느껴질 만큼 구했을 때 갑자기 놀랍게 채워지는 것을 체험해 오고 있다. 물론 우리의 노력이나 열망 자체가 하나님께 점수를 벌 수는 없다. 모든 축복들은 오직 하나님의 선하심으로부터 흘러나오는 것이다. 하지만, 이 모든 선하심에도 불구하고 하나님께서는 여전히 우리가 열망하기 전에는 그것을 허락지 않으신다.

어떤 열망이 너무나 크고 중요해지게 되면 그것은 그의 생애의 다른 모든 관심들을 떠밀어내는 일을 하게 된다. 즉 열망은 마음에 진공의 공간을 만들게 되는 것이다.

대부분의 신자에게 성령이 충만함으로 밀고 들어갈 수 없는 이유는 이와 같은 빈 공간이 없기 때문이다. 그들은 자신의 냉랭하고 가련한 상태에 만족하고 있다.

열망 자체는 공로가 없다. 하지만, 진정한 소원의 진공 공간을 만들기 위해서는 간절함이라는 씨름이 필요하다.

# 은혜를 구한 한나의 기도

마음열기

내가 가장 간절하게 기도한 경험은 언제, 무엇 때문이었습니까?

생각하기

### 1. 곤고한 여인 한나

한나는 참으로 곤고한 여인입니다. 아이를 못 낳는 데다가 그것을 약점 삼아 괴롭히는 잔인한 둘째 부인이 있었기 때문입니다. 그러나 무엇보다 그녀의 마음을 괴롭게 하는 것은 잉태치 못하는 것을 하나님께 버림받은 증거로 간주하는 당대의 분위기였습니다.

한나는 이 같은 곤고함 앞에서 여호와께 나아가고 있습니다.

삼상 1:10-11 한나가 마음이 괴로워서 여호와께 기도하고 통곡하며 서원하여 이르되 만군의 여호와여 만일 주의 여종의 고통을 돌보시고 나를 기억하사 주의 여종을 잊지 아니하시고 주의 여종에게 아들을 주시면 내가 그의 평생에 그를 여호와께 드리고 삭도를 그의 머리에 대지 아니하겠나이다

한나는 이 같은 슬픔으로 인해 낙심하지 않고 도리어 그것을 하나님께 더 간절히 기도하는 계기로 삼고 있습니다. 그리고 하나님께 버림받은 삶이 아니라 하나님을 위해 헌신할 수 있는 삶이 되기를 간구하고 있습니다.

한편, 한나가 심정을 토로하는 간절한 기도를 드릴 때 엘리 대제사장은 오해로 인해 다음과 같이 책망했습니다.

삼상 1:14 엘리가 그에게 이르되 네가 언제까지 취하여 있겠느냐 포도주를 끊으라 하니

보통 사람은 곤고한 자의 사정을 멸시하거나 듣기 싫어합니다. 그러나 하나님은 결코 그렇지 않습니다.

시 22:24 그는 곤고한 자의 곤고를 멸시하거나 싫어하지 아니하시며 그의 얼굴을 그에게서 숨기지 아니하시고 그가 울부짖을 때에 들으셨도다

## 2. ☐☐를 구하는 한나

뒤늦게 한나의 사정을 알게된 엘리는 하나님께서 그녀의 구한 것을 허락하시기를 축원하였습니다. 그때 한나는 다음과 같은 말로 대답했습니다.

삼상 1:18 이르되 당신의 여종이 당신께 은혜 입기를 원하나이다 하고 가서 먹고 얼굴에 다시는 근심 빛이 없더라

'은혜' 란 '받을 자격 없는 자에게 거저 주시는 하나님의 선물' 을 말하는 것입니다. 그러므로 한나는 하나님 앞에서 자신이 자녀 축복을 받을 어떤 자격도 없음을 아뢰면서 동시에 하나님의 선물로 귀한 자녀 주시기를 간구하고 있는 것입니다. 하나님은 이 같은 한나의 기도를 들으시고 아들을 주셨습니다. 사무엘은 '하나님께서 들으셨다' 라는 의미입니다.

사실 은혜를 구하는 기도는 하나님의 보좌를 움직이는 능력있는 기도입니다.
왜냐하면, 그것은 하나님의 성품에 꼭 맞는 기도이기 때문입니다.

시 145:8 여호와는 은혜로우시며 긍휼이 많으시며 노하기를 더디 하시며 인자하심이 크시도다

시 145:17 여호와께서는 그 모든 행위에 의로우시며 그 모든 일에 은혜로우시도다

## 3. 은혜 받은 자의 삶

한나는 응답으로 받은 아들 사무엘을 젖을 뗀 후 곧바로 ☐☐☐께 바쳤습니다.

삼상 1:24 젖을 뗀 후에 그를 데리고 올라갈새 수소 세 마리와 밀가루 한 에바와 포도주 한 가죽부대를 가지고 실로 여호와의 집에 나아갔는데 아이가 어리더라

한나가 아직 품에 안아 키워야 할 아기를 이처럼 온전히 바칠 수 있었던 것은 은혜의 의미를 제대로 깨달았기 때문입니다.

삼상 1:27-28 이 아이를 위하여 내가 기도하였더니 내가 구하여 기도한 바를 여호와께서 내게 허락하신지라 그러므로 나도 그를 여호와께 드리되 그의 평생을 여호와께 드리나이다 하고 그가 거기서 여호와께 경배하니라

받을 자격 없이 거저 받았으니 하나님을 위해 거저 바치는 것, 이것이 은혜를 진정으로 깨달은 자의 자세입니다.

은혜를 입은 사람은 아래와 같은 고백으로 살게 됩니다.
고전 15:10 그러나 내가 나 된 것은 하나님의 은혜로 된 것이니 내게 주신 그의 은혜가 헛되지 아니하여 내가 모든 사도보다 더 많이 수고하였으나 내가 한 것이 아니요 오직 나와 함께 하신 하나님의 은혜로라

하나님은 이처럼 온전히 서원을 갚은 한나에게 풍성한 복으로 갚아주셨습니다.
삼상 2:21 여호와께서 한나를 돌보시사 그로 하여금 임신하여 세 아들과 두 딸을 낳게 하셨고 아이 사무엘은 여호와 앞에서 자라니라

하나님의 은혜의 법칙은 자연법칙보다 위에 있습니다.
우리의 삶이 얼마나 축복되느냐는 그에게 재능이 얼마나 있느냐의 여부가 아니라 그가 얼마나 하나님께 은혜를 받았느냐 하는 데에 있습니다.
하나님은 오늘도 하나님 나라를 위해 은혜 구하는 자에게 은혜 주시기를 원하십니다.

## 나의 이야기

■ 나의 삶에서 은혜가 가장 많이 필요한 부분은 무엇입니까?

■ 나는 자신의 자격 없음을 진심으로 인정합니까?

■ "주의 종 ○○(이)가 당신께 은혜 입기를 원하나이다"라는 기도문으로 함께 기도하는 시간을 가져봅시다.

정답 | ①은혜 ②하나님

# 은혜를 구하는 기도

은혜를 구하는 기도를 할 때에는 첫째 간절히 기도해야 합니다. 응답받은 한나는 여호와 앞에서 심정을 토로하면서 오랜 시간을 기도드렸습니다. 은혜를 구하면서 간절하지 않은 것은 아직도 자기가 할 수 있다고 생각하는 것이거나, 하나님께서 하실 수 없다고 생각하고 있다는 표시입니다. 아마 여러분들은 과거에 몇 번 문제들을 놓고, 혹은 어려운 일을 위해 기도했을 것입니다. 하지만, 그중에 지금까지도 계속 기도하고 있는 것이 있습니까?
둘째 은혜를 구하는 기도를 할 때일수록 더 거룩하고 구별된 삶을 살아야 합니다.
마치 한나가 성전에서, 아들의 평생을 하나님께 구별하여 드리겠다고 서원하면서 기도드린 것 같이 말입니다. 은혜를 구하면서 죄를 지으면 은혜를 구할 힘이 없어집니다. 은혜를 구할 시간도 가질 수 없게 되어버리고 맙니다. 저는 은혜를 구할 때는 죄를 짓지 않고 계속 은혜를 구할 수 있는 힘을 얻기 위해 금식을 하곤 합니다.
셋째 조그마한 은혜를 받아도 그것에 감사하고 충성돼야 합니다.
한나는 대제사장이 그녀의 이야기를 듣고 그녀를 위해 축복기도를 해주자 감사하고 돌아가서 먹고 그 얼굴에서 수심을 제하였습니다. 여러분들은 하나님께 은혜를 구했을 때 정말 하나님께서 작은 일들에서 표적을 보여주시고 또 몇몇 문제가 쉽게 해결되게 되는 것을 경험한 적이 있을 것입니다.
그런데 대부분의 사람들은 이것을 소중히 여기지 않고 "지금 잘돼 봤자 뭐해…" "겨우 이것 해결된 것 가지고는…"라고 말합니다. 이런 사람들은 큰 은혜를 받을 수가 없습니다. 하나님은 그 사람이 감당할 만큼만 은혜를 주시는 분이십니다. 작은 은혜를 소중히 하지 않는 사람이 큰 은혜를 받게 된다면 잘 되기는커녕 교만해지고 하나님을 떠날 것이며 지옥에 들어가게 될 것이기 때문입니다.
엘리야는 하늘에 손바닥만한 구름이 피어오르자 믿음으로 감사하면서 자기가 해야될 일을 더 열심히 했습니다.

먼저읽기

성경에는 위대한 십대의 이야기가 많이 있습니다.
요셉은 17세에 객지 애굽에서 무수한 유혹을 이겨냈습니다.
사무엘은 12세에 하나님의 음성을 들었습니다.
다윗은 십대에 하나님을 모욕하는 골리앗을 거꾸러뜨렸습니다. 마리아는 15-16세에 예수님을 잉태했습니다.
요한은 19세에 예수님의 사랑 받는 제자가 되었습니다.
디모데도 십대에 바울선교팀의 멤버가 되었습니다.
이들이 이런 일을 해낸 것은 그들의 출신성분이 원래 위대한 왕의 아이들이기 때문입니다.
한국교회는 십대를 위해 별로 투자하지 않습니다. 그리고 별로 기대하지도 않는 것 같습니다. 그래서 중고등부는 교회에서 가장 침체되어 있습니다. 한국교회 청소년들은 미운 오리새끼 취급받고 있던 백조인지도 모릅니다.
이 땅의 신앙청소년들이 영적으로 각성되어지는 날을 상상해보십시오. 이들이 어릴 때부터 사무엘처럼 하나님의 사람으로 성장하는 것을 꿈꾸어 보십시오. 한국교회와 세계선교의 미래는 이들에게 달려있습니다.

# 평생을 온전히 드린 지도자 사무엘

## 마음열기

중고등부에 들어와서 가장 은혜 받은 경험이 있으면 무엇인지 나누어봅시다.

## 생각하기

**1. 소년기 - ☐☐☐의 음성을 들은 사무엘**

엘리가 대제사장으로 있던 시대는 영적인 암흑기였습니다.

삼상 3:1 아이 사무엘이 엘리 앞에서 여호와를 섬길 때에는 여호와의 말씀이 희귀하여 이상이 흔히 보이지 않았더라

그러나 사무엘은 대략 열두 살 즈음에 처음으로 하나님의 음성을 들었습니다. 그때는 하나님의 ☐☐이 아직 꺼지지 않은 때였습니다.

삼상 3:3 하나님의 등불은 아직 꺼지지 아니하였으며 사무엘은 하나님의 궤 있는 여호와의 전 안에 누웠더니

하나님의 등불은 매일 저녁마다 성소의 안을 밝히기 위하여 켜는 일곱 가지로 된 등불로 이것은 저녁에 점등되어 기름이 떨어지는 새벽까지 계속 켜져 있었습니다. 그러므로 이 등불이 아직 꺼지지 않았다는 것은 아직 새벽이 채 되지 않은 시간임을 알게 해줍니다. 그 시간에 성막에 있었다는 것은 사무엘이 하나님께 대한 봉사를 위해 계속 성막 안에 머무르고 있었음을 알려줍니다.

하나님의 음성을 들은 사무엘에게는 놀라운 영적 권위가 임하게 되었습니다.

삼상 3:19-20 사무엘이 자라매 여호와께서 그와 함께 계셔서 그의 말이 하나도 땅에 떨어지지 않게 하시니 단에서부터 브엘세바까지의 온 이스라엘이 사무엘은 여호와의 선지자로 세우심을 입은 줄을 알았더라

단과 브엘세바는 이스라엘의 최북단과 최남단으로, 이는 사무엘이 일정 지파에서 통치권을 행사했던 다른 사사들과는 달리 이스라엘 전역을 다스리는 사사가 되었음을 보여줍니다. 하나님 앞에 항상 머무르는, 하나님의 음성이 함께하는 사람의 말에는 이처럼 놀라운 영적 권위가 부여됩니다.

## 2. 청년기 – 영적 부흥 운동을 주도한 사무엘

사무엘이 사사로 세움 받은 시기의 이스라엘은 블레셋의 군사적인 압제 아래 놓여있었으며, 여호와의 언약궤는 빼앗겼고 성막이 폐허로 변하는 수모를 겪을 때였습니다.

사무엘은 먼저 이 같은 상황에 놓여있는 이스라엘 백성들에게 전심으로 하나님께로 돌이키는 데 구원이 있다고 선언하면서 거국적인 회개운동을 위해 미스바로 모일 것을 명했습니다.

삼상 7:5-6 사무엘이 이르되 온 이스라엘은 미스바로 모이라 내가 너희를 위하여 여호와께 기도하리라 하매 그들이 미스바에 모여 물을 길어 여호와 앞에 붓고 그 날 종일 금식하고 거기에서 이르되 우리가 여호와께 범죄하였나이다 하니라 사무엘이 미스바에서 이스라엘 자손을 다스리니라

블레셋 입장에서 볼 때 이스라엘이 이방 신상을 제거하고 여호와 신앙을 고취시키는 거국적 집회를 개최한다는 것은 명백한 도전 행위였습니다. 그리하여 철병기로 중무장한 블레셋 군대는 이스라엘을 치기 위해 산지인 미스바를 완전히 포위하였습니다. 그러나 오랫동안 블레셋의 압제 아래 있던 이스라엘은 군대조직은커녕 싸울 무기 하나 변변치 못한 상태였습니다. 그러나 하나님은 사무엘의 믿음을 보시고 몰살 위기에 직면한 이스라엘 백성들에게 놀라운 구원을 이루어 주셨습니다.

삼상 7:10 사무엘이 번제를 드릴 때에 블레셋 사람이 이스라엘과 싸우려고 가까이 오매 그 날에 여호와께서 블레셋 사람에게 큰 우레를 발하여 그들을 어지럽게 하시니 그들이 이스라엘 앞에 패한지라

삼상 7:13 이에 블레셋 사람들이 굴복하여 다시는 이스라엘 지역 안에 들어오지 못하였으며 여호와의 손이 사무엘이 사는 날 동안에 블레셋 사람을 막으시매

## 3. 노년기 – 하나님의 나라를 위해 □□한 사무엘

사무엘이 나이 많아 늙자 백성들은 왕을 구했습니다(삼상 8:5). 이스라엘 백성들이

왕을 구한 것은 사사를 통해 대행되는 하나님의 통치보다는 다른 나라들과 마찬가지로 왕의 통치를 받는 것이 편하고 안전하다는 불신앙 때문이었습니다(삼상 8:7). 이 같은 백성들의 요구에 의해 세워진 왕이 사울입니다. 사울은 인간적인 기준으로는 이스라엘 백성들의 마음에 합당했습니다. 그러나 영적으로는 올바르지 못했고, 세상 왕의 전형대로 점점 교만하고 인본주의적이고 난폭해지게 되었습니다.

사무엘은 사울을 왕으로 세워 통치권을 넘겨줄 때 이스라엘을 향한 중보기도의 결단을 하고 있습니다.
삼상 12:23 나는 너희를 위하여 기도하기를 쉬는 죄를 여호와 앞에 결단코 범하지 아니하고 선하고 의로운 길을 너희에게 가르칠 것인즉

그런데 사무엘이 죽기 직전에 세속 국가의 표상인 사울 왕은 메시아 왕국의 표상인 다윗에 대해 최초로 다음과 같은 고백을 하고 있습니다.
삼상 24:20 보라 나는 네가 반드시 왕이 될 것을 알고 이스라엘 나라가 네 손에 견고히 설 것을 아노니
다윗이 사울의 무수한 박해 속에서도 승리할 수 있었던 것은 다름 아닌 사무엘의 끊임없는 중보 때문이었습니다. 사무엘의 끊임없는 중보기도는 자칫 세속 국가로 전락할 뻔했던 이스라엘을 메시아 왕국의 모형으로 전환시키는 밑거름이 된 것입니다.

## 나의 이야기

■ 사무엘의 소년기, 청년기, 노년기를 보면서 나의 소년기, 청년기, 노년기의 영적 목표를 설정해봅시다.

소년기:

청년기:

노년기:

정답 | ①하나님 ②등불 ③중보

# 신앙교육의 중요성

9세기에 아이슬란드의 해변에는 아일랜드에서 이주해온 소수의 그리스도인들이 살고 있었다. 아이슬란드의 야만족 바이킹들은 그들을 사로잡아 자기 생각에 가장 하찮은 일에 종사하는 노예로 만들었다. 그것은 그들의 아이들을 돌보는 일이었다.

하지만, 이 하찮은 일에 종사한 그리스도인 노예들의 영향으로 아이슬란드 바이킹들은 3세대가 지나자 체계적인 나라를 이루게 되었고, 서기 1000년에는 아이슬란드 국민들이 스스로 투표해서 자신들의 나라도 기독교 국가임을 공포하게 되었다.

미국의 한 학자는 3,500명의 장년 신자를 대상으로 언제 신앙을 가지게 되었는지 조사하였는데, 초등학교 때가 1,000명, 중학교 때가 600명, 고등학교 때가 1,000명으로 나타났고, 40대 이후에 신앙을 가진 사람은 불과 20여 명에 불과하다는 통계를 발표했다.

천주교의 신부 자비에르는 이렇게 장담했다.
'7살된 아이를 나에게 맡겨보아라. 나는 그를 평행 하나님을 위해 사는 사람이 되게 할 것이다.'
이는 신앙교육의 중요성을 아는 사람의 고백이다.
현재 전 세계 인구 중 절반은 25세 미만의 아이들이다. 교회 학교와 청소년 사역들을 더욱 적극적으로 지원하는 것이 세계복음화를 위한 첩경이다.

먼저읽기

한 똑똑한 젊은이가 있었습니다. 그는 대학 초반에는 열심히 공부하지 않았습니다. 공부가 그에게 큰 짐이 되지 않았기 때문입니다. 그러나 졸업반이 되자 그는 좋은 회사에 특채되기 위해 열심히 공부하게 되었고 그의 뛰어난 두뇌 덕에 과 수석으로 졸업하게 되었습니다. 하지만, 그가 바라던 회사의 자리는 같은 과를 2등으로 졸업한 친구에게 돌아갔고 그는 밀려나버리게 되었습니다.

회사의 인사담당자는 이유를 묻는 그 학생에게 이렇게 설명했습니다.

"이 자리는 책임이 큰 자리이기 때문에 꾸준함과 신뢰할만한 사람이 필요합니다. 우리는 당신의 성적표를 보았는데 성적이 탁월하게 뛰어나긴 했지만 꾸준하지 못했습니다. 다음에 행운이 있기를 바랍니다."

그 젊은이는 아무 말도 못하고 조용히 문을 나올 수밖에 없었습니다.

# 변절자 요아스

마음열기

당신은 보통 꾸준한 편입니까? 화려하게 시작했다가 초라하게 끝내는 편입니까?

생각하기

**1. 하나님의 사람을 통해 구원을 얻은 요아스**

요아스는 유다 왕 아하시야의 아들입니다. 이스라엘의 악한 왕 아합과 교통하던 그의 아버지 아하시야는 이스라엘에서 일어난 반정 때에 죽임을 당하게 됩니다(대하 22:8-9). 아하시야 왕이 죽자 그의 할머니 아달랴는 왕권을 찬탈하기 위해 모든 손자들을 죽였습니다.

왕하 11:1 아하시야의 어머니 아달랴가 그의 아들이 죽은 것을 보고 일어나 왕의 자손을 모두 멸절하였으나

아달랴는 아합 왕의 질녀였습니다. 사실 아하시야 왕이 아합과 교통하게 된 것도 그 모친의 영향이었습니다(대하 22:3). 여기서 악인과 함께하는 것이 얼마나 위험한 것인지를 다시 한번 깨닫게 됩니다.

아달랴의 학살에서 갓난 요아스를 숨겨준 사람은 제사장 □□□□의 아내였습니다.

대하 22:11 왕의 딸 여호사브앗이 아하시야의 아들 요아스를 왕자들이 죽임을 당하는

중에서 몰래 빼내어 그와 그의 유모를 침실에 숨겨 아달랴를 피하게 하였으므로 아달랴가 그를 죽이지 못하였더라 여호사브앗은 여호람 왕의 딸이요 아하시야의 누이요 제사장 여호야다의 아내이더라

## 2. ☐☐ 에 거하고 ☐☐ 을 중건한 요아스

갓난아이였던 요아스는 육 년동안 성전에서 숨어지냈습니다.

왕하 11:3 요아스가 그와 함께 여호와의 성전에 육 년을 숨어 있는 동안에 아달랴가 나라를 다스렸더라

요아스를 살려주었던 제사장 여호야다는 다윗의 자손이 왕이 되어야 한다는 여호와의 말씀을 이루기 위해 목숨을 거는 위험을 감수하고 반정을 이끌게 되었습니다(대하 23:3). 그리하여 요아스는 일곱 살의 나이에 왕위에 오르게 됩니다.

왕이 된 요아스는 성전을 보수할 소원을 가지게 되었습니다. 이것은 요아스가 성전이 얼마나 훼파되어 있는지를 누구보다도 잘 알았기 때문입니다.

대하 24:4 그 후에 요아스가 여호와의 전을 보수할 뜻을 두고

아달랴의 통치기간 중 성전은 심하게 파괴되고 더렵혀졌던 것입니다.

대하 24:7 이는 그 악한 여인 아달랴의 아들들이 하나님의 전을 파괴하고 또 여호와의 전의 모든 성물들을 바알들을 위하여 사용하였음이었더라

이와 같은 요아스의 선정은 제사장 여호야다의 영향을 받는 동안 계속되었습니다.

왕하 12:2 요아스는 제사장 여호야다가 그를 교훈하는 모든 날 동안에는 여호와 보시기에 정직히 행하였으되

## 3. 하나님의 사람과 말씀을 떠난 요아스

제사장 여호야다가 죽고 나자 요아스는 사악한 우상숭배자로 바뀌게 되었습니다.

대하 24:17-18 여호야다가 죽은 후에 유다 방백들이 와서 왕에게 절하매 왕이 그들의 말을 듣고 그의 조상들의 하나님 여호와의 전을 버리고 아세라 목상과 우상을 섬겼으므로 그 죄로 말미암아 진노가 유다와 예루살렘에 임하니라

심지어, 요아스는 은인인 여호야다의 아들 ☐☐☐ 를 성전에서 죽이는 만행까지 저지르게 되었습니다.

대하 24:20-21 이에 하나님의 영이 제사장 여호야다의 아들 스가랴를 감동시키시매 그가 백성 앞에 높이 서서 그들에게 이르되 하나님이 이같이 말씀하시기를 너희가 어찌하여 여호와의 명령을 거역하여 스스로 형통하지 못하게 하느냐 하셨나니 너희가 여호와를 버렸으므로 여호와께서도 너희를 버리셨느니라 하나 무리가 함께 꾀하고 왕의 명령을 따라 그를 여호와의 전 뜰 안에서 돌로 쳐죽였더라

하나님과 하나님의 사람에게서 떠난 요아스는 아람의 적은 군대 앞에서 참패를 당하게 됩니다.

대하 24:23-24 일 주년 말에 아람 군대가 요아스를 치려고 올라와서 유다와 예루살렘에 이르러 백성 중에서 모든 방백들을 다 죽이고 노략한 물건을 다메섹 왕에게로 보내니라 아람 군대가 적은 무리로 왔으나 여호와께서 심히 큰 군대를 그들의 손에 넘기셨으니 이는 유다 사람들이 그들의 조상들의 하나님 여호와를 버렸음이라 이와 같이 아람 사람들이 요아스를 징벌하였더라

결국, 요아스 왕은 전쟁에서 크게 다치고, 신복들의 모반에 의해 죽임을 당했으며, 열왕의 묘실에 장사되지 못하는 치욕을 당하게 되었습니다(대하 24:25).

### 나의 이야기

■ 성전에서 자라고 성전을 보수했던 요아스가 이렇게까지 타락하는 모습을 보면서 어떤 생각이 듭니까?

■ 나는 계속해서 하나님의 사람과 성령의 교훈에 머무르는 삶을 살고 있습니까?

정답 | ①여호야다 ②성전 ③성전 ④스가랴

# 힘써 여호와를 알라

초대교회에서는 입교자가 보통 하루 동안에 회개를 하고, 예수 그리스도를 믿고, 안수를 통해 성령을 받아들이는 예식을 치르고, 주의 재림과 심판에 대한 것을 다 배우게 되었습니다. 이처럼 회개, 영접, 세례, 안수, 죽은 자의 부활, 영원한 심판 등은 영어의 ABC와 같은 신앙의 초보입니다(히 6:1).

우리가 믿는 하나님께는 참으로 무궁한 진리가 있습니다. 그래서 사도들은 신자들에게 이와 같은 초보에 머물러 있지 말고 점점 더 성숙해져야 한다고 강조하고 있습니다.

그런데 이 시대의 신자는 아직 초보도 모르는 경우가 허다합니다. 그래서 혹시 성령 세례라도 받으면 이제 다된 양 생각하고 재림에 대한 잘못된 가르침에도 쉽게 미혹되어 사회의 지탄의 대상이 되곤 합니다.

신자들이 가진 신앙에 대한 많은 개념이 딱할 정도로 피상적이고, 남의 이야기를 듣고 생긴 관습적인 지식에 지나지 않습니다.

소위 믿음 좋다는 사람이 그렇게 쉽게 교회에서 떨어져 나가는 것이 이것 때문이며, 교회를 아무리 오래 다녀도 삶이 바뀌지 않는 것 또한 이 때문입니다.

심지어 이스라엘 백성들이 하나님의 아들을 십자가에 못박아 죽인 것도 이처럼 종교적인 열심은 있었지만 하나님을 아는 지식이 없었기 때문입니다.

때문에 성경은 "내 백성이 지식이 없으므로 망하는도다"(호 4:6)라고 탄식하고 있습니다.

우리가 예수 그리스도의 십자가 빛을 통하여 하나님을 마치 아내가 남편을 알 듯이 다시 알 수 있다는 것은 가장 놀라운 축복입니다.

인도의 성자 썬다싱은 하나님께 '접근' 할 수 있다는 단어에 감격하여 회심했다고 합니다.

"우리가 여호와를 알자! 힘써 여호와를 알자!"(호 6:3).

먼저읽기

"하나님, 한동안은 저를 사용하시사 메말라 있는 다른 사람의 영혼을 새롭게 하여주소서. 그리고 하나님, 한동안은 다른 사람을 사용하시사 나의 맥빠진 영혼에 새로운 생기를 불어넣게 해주소서."
이와 같은 연합전선은 사단의 최강의 요새를 흔들어버리는 강력한 힘을 가진다.

# 에스더와 모르드개의 절대신앙

마음열기

나에게는 옆에 나온 기도문처럼 영적으로 연합전선을 펼 수 있는 동역자나 공동체가 있습니까?

생각하기

**1. 하나님이 예비한 사람** ☐☐☐

오늘 내용은 페르시아 왕 아하수에로가 통치하던 시대에 있었던 일입니다.
당시 페르시아 제국의 제 2인자인 하만은 이스라엘 민족을 전멸시킬 음모를 꾸미고 있었습니다.

에 3:8–9 하만이 아하수에로 왕에게 아뢰되 한 민족이 왕의 나라 각 지방 백성 중에 흩어져 거하는데 그 법률이 만민의 것과 달라서 왕의 법률을 지키지 아니하오니 용납하는 것이 왕에게 무익하니이다 왕이 옳게 여기시거든 조서를 내려 그들을 진멸하소서 내가 은 일만 달란트를 왕의 일을 맡은 자의 손에 맡겨 왕의 금고에 드리리이다 하니

그러나 하나님은 바로 이 위기의 때를 위해 에스더를 예비해 두셨습니다.

에 4:14 이 때에 네가 만일 잠잠하여 말이 없으면 유다인은 다른 데로 말미암아 놓임과 구원을 얻으려니와 너와 네 아버지 집은 멸망하리라 네가 왕후의 자리를 얻은 것이 이 때를 위함이 아닌지 누가 알겠느냐 하니

하나님은 우리가 시험당할 즈음에 미리 피할 길을 예비해두시는 분이십니다(고전 10:13).

### 2. ☐☐☐☐의 신앙을 본받은 에스더

하만이 이스라엘 민족을 몰살할 음모를 꾸미게 된 직접적인 이유는 모르드개에 대한 미움 때문이었습니다.

에 3:2 대궐 문에 있는 왕의 모든 신하들이 다 왕의 명령대로 하만에게 꿇어 절하되 모르드개는 꿇지도 아니하고 절하지도 아니하니

모르드개가 하만에게 무릎 꿇지 않았던 이유는 그가 하나님이 저주하신 아말렉 자손이었기 때문입니다(에 3:1). 그는 이스라엘을 진멸시킬 조서가 발표된 이후에도 끝까지 하만 앞에서 무릎을 꿇지 않는 철저한 신앙인이었습니다(에 5:9).

한편, 모르드개에 의해 딸처럼 양육 받은 에스더 역시 이 같은 철저한 신앙을 그대로 이어받고 있습니다.

에 4:15-16 에스더가 모르드개에게 회답하여 이르되 당신은 가서 수산에 있는 유다인을 다 모으고 나를 위하여 금식하되 밤낮 삼 일을 먹지도 말고 마시지도 마소서 나도 나의 시녀와 더불어 이렇게 금식한 후에 규례를 어기고 왕에게 나아가리니 죽으면 죽으리이다 하니라

그녀가 먼저 왕에게 나아가는 것은 문자 그대로 죽음을 각오하는 일이었습니다. 다민족으로 구성된 페르시아에서는 언제 일어날지 모르는 모반의 위험 때문에 누구라도 왕이 부르기 전에 왕의 안뜰에 들어가는 자는 반드시 죽이도록 되어 있었기 때문입니다.

### 3. 믿음의 사람들을 통한 하나님의 놀라운 구원

끝까지 무릎 꿇지 않는 모르드개로 인해 화가 머리끝까지 치민 하만은 먼저 모르드개부터 처형하기 위해 25미터나 되는 장대를 집에 준비하게 되었습니다.
그러나 하만이 장대를 준비하고 있는 그 날 밤에 하나님은 놀라운 일을 일으키셨습니다.

에 6:1-2 그 날 밤에 왕이 잠이 오지 아니하므로 명령하여 역대 일기를 가져다가 자기 앞에서 읽히더니 그 속에 기록하기를 문을 지키던 왕의 두 내시 빅다나와 데레스가 아하수에로 왕을 암살하려는 음모를 모르드개가 고발하였다 하였는지라

아하수에로는 모반을 고발한 모르드개에게 어떤 보상도 주어지지 않았음을 알고는 마침 모르드개의 사형을 청하러 온 하만에게 거꾸로 이런 일을 하게 했습니다.

에 6:11 하만이 왕복과 말을 가져다가 모르드개에게 옷을 입히고 말을 태워 성 중 거리로 다니며 그 앞에서 반포하되 왕이 존귀하게 하시기를 원하시는 사람에게는 이같이 할 것이라 하니라

바로 그 날 밤에 있은 왕후의 잔치에서 에스더는 자기 민족을 멸하려는 하만의 음모를 막아달라고 왕에게 간청하게 되었습니다. 그동안 하만을 신임하고 있었기 때문에 혼란스러워진 왕은 잠시 뜰로 나갔다 돌아와서는 다음과 같은 것을 보고 듣게 됩니다.
어떤 일이 일어났습니까?
에 7:8-9 왕이 후원으로부터 잔치 자리에 돌아오니 하만이 에스더가 앉은 걸상 위에 엎드렸거늘 왕이 이르되 저가 궁중 내 앞에서 왕후를 강간까지 하고자 하는가 하니 이 말이 왕의 입에서 나오매 무리가 하만의 얼굴을 싸더라 왕을 모신 내시 중에 하르보나가 왕에게 아뢰되 왕을 위하여 충성된 말로 고발한 모르드개를 달고자 하여 하만이 높이가 오십 규빗 되는 나무를 준비하였는데 이제 그 나무가 하만의 집에 섰나이다 왕이 이르되 하만을 그 나무에 달라 하매
그리고 왕은 하만의 자리에 모르드개를 앉혔습니다.

한편, 이스라엘 백성을 전멸하도록 한 조서는 이미 왕의 어인이 찍혔기 때문에 취소할 수가 없었습니다. 이 때문에 왕은 동일한 날에 이스라엘 백성들이 스스로를 보호하고 대적들을 진멸할 수 있도록 한 조서를 새로 공포하게 되었습니다. 그리하여 결국 하만이 이스라엘 백성을 죽이기로 제비뽑은 날은 도리어 이스라엘이 원수를 갚는 날이 되었습니다.
에 9:2-3 유다인들이 아하수에로 왕의 각 지방, 각 읍에 모여 자기들을 해하고자 한 자를 죽이려 하니 모든 민족이 그들을 두려워하여 능히 막을 자가 없고 각 지방 모든 지방관과 대신들과 총독들과 왕의 사무를 보는 자들이 모르드개를 두려워하므로 다 유다인을 도우니

바로 이날을 기념해서 생긴 절기가 제비뽑기 축제(부림절)입니다. 부림절은 하나님께서 모든 것을 주관하시며 택한 백성들을 보호하고 계심을 분명히 보여주고 있습니다.

### 나의 이야기

■ 나에게는 에스더와 모르드개에게 있던 절대신앙이 있습니까?

■ 오늘 공부를 통해 하나님이 어떤 분이신지 자신이 느낀 바를 한 문장으로 표현해봅시다.

정답 | ①에스더 ②모르드개

# 허준선생의 서원

'시체를 그것도 무덤에서 꺼낸 시체가 아니라, 아직 땅속에 묻힌 적이 없는, 장기가 살아 있는 시체를 구해주신다니!'

허준은 스승의 말에 흥분이 되어 밤새 단 한잠도 이룰 수가 없었다. 의사에게 사람의 오장과 육부를 들여다본다는 것은 욕망이기 이전에 반드시 거쳐야만 할 공부였다. 하지만, 유교가 지배하던 조선시절, 이것은 법으로 엄격히 금지되어 있었고, 억만금을 준다고 해도 전혀 불가능한 일이었다. 온갖 상상을 다하며 스승이 말한 장소, 복더위에도 얼음이 언다는 밀양 천왕산에 들어선 허준은 정말 아직 온기가 남아 있는 시체를 보게 되었다.

그런데 그 시신은 다름 아닌 스승 유의태였다!

"허준 보아라. 강보에 쌓인 어린아이, 세상에 유용한 젊은이, 타인을 위해 덕을 쌓은 사람, 그리고 한평생 고생만 하다 가는 측은한 인생들이 오래오래 건강할 수 있도록, 내 생전에 못다 이룬 소망을 너에게 의탁하며 병든 내 몸을 너에게 주노라."

반위라는 불치병을 앓고 있던 당대 최고의 명의 유의태는 자기 몸을 해부실습용으로 쓰라는 유언을 남기고 제자를 위해 스스로 목숨을 끊은 것이다.

3일간의 해부를 마치고 스승을 매장할 때 허준은 관을 끌어안고 울부짖었다.

"스승님은 제 맹세를 들어주소서. 만일 이 허준이 베풀어주신 스승님의 은혜를 잠시라도 배반하거든 저를 벌하소서. 또 이 허준이 의원이 되는 길을 괴로워하거나, 병든 이를 구하는 데 게을리하거나, 약과 침을 빙자하여 돈이나 명예를 탐하거든 저를 벌하소서. 이 고마움을 영원히 잊지 않으오리다."

허준은 일평생, 이 약속을 추호도 어기지 않는 삶을 살았고 그가 쓴 동의보감은 한방의 종주국인 중국인들까지도 하늘의 손을 대신하여 쓴 책이라고 높여 우러러 보았다.

크리스천인 우리는 허준이 받은 것과 비교할 수 없는 큰 은혜를 받았음을 알고 있는가?

우리에게는 우리의 스승이 자기 몸을 내줄 만큼 사랑하신 영혼들에 대한 애정과 헌신이 있는가?

먼저읽기

존 워너 메이커는 초등학교 2학년 교육까지밖에 받지 못한 사람입니다. 하지만, 그는 세계최대 백화점, 세계최고의 선교단체, 세계최대의 주일학교 등 그가 속한 모든 영역들을 최대로 키우고, 최고의 행복을 누린 사람입니다.

그가 84세 되었을 때 한 기자가 "회장님 지금까지 투자한 것 중에서 가장 성공적인 투자는 무엇이었습니까?"하고 물었습니다. 그러자 그는 이렇게 대답했습니다.

"내 생애에서 가장 위대한 투자는 10살 때 1년 6개월 동안 노동하여 번 돈을 모아 성경 한 권을 구입한 것입니다. 왜냐하면, 그 성경이 오늘의 나를 만들었으니까요. 성경은 내 인생의 교과서였습니다. 나는 날마다 성경을 먹고 성경과 더불어 내 인생의 하루를 시작했습니다."

워너 메이커는 이렇게 충고합니다.

"여러분의 생활의 모범을 하나님의 말씀인 성경으로 삼기 바랍니다. 다른 사람들과 비교하는 일은 어리석은 것이지만 성경 말씀을 거울로 삼는 것은 지혜로운 것입니다."

# 말씀의 사람 에스라

## 마음열기

성경을 대하는 나의 태도와 존 워너 메이커의 태도를 비교해 말해봅시다.

## 생각하기

성경은 에스라가 율법에 익숙한 학자이며 여호와의 도우심을 입음으로 왕에게 구한 것은 모두 다 구하는 대로 받은 사람이라고 소개하고 있습니다.

스 7:6 이 에스라가 바벨론에서 올라왔으니 그는 이스라엘의 하나님 여호와께서 주신 모세의 율법에 익숙한 학자로서 그의 하나님 여호와의 도우심을 입음으로 왕에게 구하는 것은 다 받는 자이더니

### 1. ☐☐에 익숙한 사람 에스라

에스라는 진정으로 모세의 율법에 익숙한 학자였습니다.

에스라는 당시 세계제국의 왕인 아닥사스다가 '하나님의 율법에 완전한 학자'라고 칭할 정도로 율법에 익숙한 사람이었습니다.

스 7:12 모든 왕의 왕 아닥사스다는 하늘의 하나님의 율법에 완전한 학자 겸 제사장 에스라에게

그렇다고 그가 지식적으로만 율법을 잘 알았던 것은 아닙니다. 그는 율법의 위대성을 그의 삶으로 보여주는 사람이었습니다.
이 때문에 왕은 율법에 따라 예루살렘의 형편을 살피도록 에스라를 파송하고 있습니다.

스 7:14 너는 네 손에 있는 네 하나님의 율법을 따라 유다와 예루살렘의 형편을 살피기 위하여 왕과 일곱 자문관의 보냄을 받았으니

이것은 유대인들이 율법대로 순종하고 있는지, 하나님께 대한 예배는 바르게 드려지고 있는지 점검하고, 만약 잘못된 것이 있으면 바로잡고 감독하라는 것입니다.
왕은 에스라가 말하는 율법을 유다에서 철저히 테스트해 보는 것이 제국 전체의 미래를 위해 필요하다는 확신을 가지게 되었던 것입니다.

## 2. □□□의 도우심을 입은 사람 에스라

에스라는 참으로 하나님의 도우심을 입는 삶을 살았던 사람입니다.

스 7:9 첫째 달 초하루에 바벨론에서 길을 떠났고 하나님의 선한 손의 도우심을 입어 다섯째 달 초하루에 예루살렘에 이르니라

스 8:18 우리 하나님의 선한 손의 도우심을 입고 그들이 이스라엘의 손자 레위의 아들 말리의 자손 중에서 한 명철한 사람을 데려오고 또 세레뱌와 그의 아들들과 형제 십팔 명과

이 같은 표현은 에스라 7장 28절, 8장 31절에도 나오고 있습니다.

## 3. □□□ 대로 받은 사람 에스라

에스라는 실제 왕에게 구하는 바는 '누구든지', '무엇이든지' 다 받는 사람이었습니다.

스 7:13 조서를 내리노니 우리 나라에 있는 이스라엘 백성과 그들 제사장들과 레위 사람들 중에 예루살렘으로 올라갈 뜻이 있는 자는 누구든지 너와 함께 갈지어다

스 7:20 그 외에도 네 하나님의 성전에 쓰일 것이 있어서 네가 드리고자 하거든 무엇이든지 궁중창고에서 내다가 드릴지니라

이 같은 표현은 에스라 7장 21절에도 나오고 있습니다.

## 4. 이 같은 삶을 살 수 있었던 원인

에스라가 이처럼 모든 일에 하나님의 도움의 손길이 함께하는 삶, 구하는 것은 무엇이든 얻는 삶을 살 수 있었던 비결은 그가 율법을 □□하고 □□하며 □□□□ 데 힘쓰는 사람이었기 때문입니다.

스 7:10 에스라가 여호와의 율법을 연구하여 준행하며 율례와 규례를 이스라엘에게 가르치기로 결심하였었더라

에스라는 먼저 주의 율법을 깊이 연구하는 사람이었습니다. 유대인의 기록에 의하면, 에스라는 자기가 발견할 수 있는 모든 율법의 사본을 수집하고 순서를 맞추어 정확한 책자를 발행해냈다고 합니다.
또한, 그는 스스로 그것을 지켜 준행하는 사람이었습니다.
그뿐만 아니라 그는 이 말씀을 백성들에게 가르치기를 열망하는 사람이었습니다.
그가 조국을 찾아온 것은 다름이 아니라 이스라엘 사회가 여호와의 말씀에 확고히 서도록 돕기 위한 것이었습니다.
말씀을 배우고, 말씀을 지키며, 말씀을 가르치기 위해 힘쓰는 사람에게는 에스라에게 주어졌던 놀라운 특권이 뒤따르게 됩니다.

### 나의 이야기

■ 성경읽기에 대한 새로운 결심이 있다면 기록해봅시다.

■ 성경공부 시간에 대한 새로운 결심이 있다면 말해봅시다.

정답 | ①율법 ②하나님 ③구하는 ④연구 ⑤준행 ⑥가르치는

# 내가 고아원을 세우려는 이유

*아래의 내용은 누구에게도 도움을 구하지 않고 오직 기도만으로 2,100명이 살 수 있는 고아원과 100개의 학교를 운영하고 189명의 선교사와 9,000명의 학자를 지원하고, 해마다 400만 부 이상의 소책자와 수만 권의 성경을 선교지에 보급한 죠지 뮬러 목사님의 일기 중 일부입니다.

1835년 11월 25일.

나는 장사하는 데 하루에 16시간씩이나 쓰고 있는 형제를 방문한 적이 있다. 그의 몸은 아프고, 영혼은 메말랐고, 하나님 안에서 누리는 기쁨도 상실한 지 오래되어 있었다.

나는 그에게 건강을 유지하기 위해 일하는 시간을 줄일 것과 하나님의 말씀을 읽고 기도함으로 속사람이 힘을 얻을 수 있게 하라고 권면했다.

그러나 그는 '내가 이렇게 일을 많이 하는데도 겨우 먹고삽니다. 내가 일하는 시간을 줄이면 가족들은 굶게 될 것입니다' 라고 대답했다.

나는 그에게 성경구절과 성경 인물들의 예를 들면서 하나님의 자녀들을 부양하는 일은 궁극적으로 하나님께서 책임져주신다는 것과 영적인 생활을 풍성하게 하기 위해 몇 시간 덜 일 하고 휴식을 취한다 해도 하나님께서 충분히 채워주신다는 것을 설명했다.

그 형제는 내 말이 사실이라고 말로는 인정하고 동의했다. 하지만, 그의 표정에서 '하지만 내가 당신의 충고대로 해서 어떻게 먹고살 수 있겠습니까? 성경 인물이 살던 때는 옛날이고 지금은 세상이 변했습니다!' 하는 것을 읽을 수 있었다.

나는 하나님께서 진정 살아계신 분이심을, 그분의 말씀이 이 시대에도 사실이라는 것을 증명해 보임으로써 사람들의 믿음을 굳건하게 세워주고 싶다!

하나님은 정말 믿을만한 분이시고, 아무리 어려운 상황에서도 그분을 의지하는 사람을 책임져 주시는 분이심을 보여 주고 싶다!

이것이 내가 고아원을 세우려는 주된 이유이다.

가난한 내가 어떤 사람에게도 도움을 요청하지 않고 단지 기도와 믿음만을 가지고 고아원을 세우고 유지해 갈 수 있다면, 이것이야말로 하나님의 자녀들의 믿음을 강하게 해줄 수 있는 일인 것 같다. 또한, 그렇게 되면 불신자들에게도 하나님이 살아계신 것에 대한 증거가 될 수 있을 것이다.

먼저읽기

어느 날 한 부인이 마하트마 간디를 찾아왔다. 그녀는 아들이 설탕을 너무 먹어서 걱정이라며 "아들의 건강이 염려돼요. 그 애는 선생님을 존경합니다. 어떻게 좀 설탕이 끼치는 해로움을 말씀해 주시고 먹지 않도록 해주십시오"라고 호소했다. 간디는 잠시 생각에 잠기더니 부인의 부탁을 들어주기로 하고 아들을 2주일 후에 데려오라고 했다. 2주일 뒤에 소년과 어머니가 왔을 때 간디는 소년에게 설탕을 먹지 말라고 타일렀다. 소년은 간디의 말을 따르기로 했다. 소년의 어머니는 너무 고마워하며 어째서 2주일이라는 시간을 두었느냐고 물었다. 간디는 대답했다. "나도 설탕을 좋아했습니다. 부인의 아들에게 설탕을 먹지 말라고 타이르기 전에 내가 먼저 설탕을 끊었습니다. 내 자신이 설탕을 끊는 데에 2주일이 필요했기 때문입니다." 삶이 있는 말에 힘이 있습니다.

# 말씀과 삶이 일치된 사람 에스라

마음열기

근래에 자신의 말과 행동이 일치하지 않았던 경험이 있다면 말해봅시다. 그 결과가 어떠했는지도 말해봅시다.

생각하기

에스라는 이스라엘 공동체에 놀라운 영적 개혁을 이룬 사람입니다. 그의 어떤 모습이 이 같은 철저한 신앙운동을 성취케 했을지 알아봅시다.

**1. ☐ 과 ☐☐ 이 일치하는 신앙**

에스라는 귀환자들과 함께 예루살렘으로 출발하기 전에 금식기도를 선포했습니다.

스 8:21 그 때에 내가 아하와 강 가에서 금식을 선포하고 우리 하나님 앞에서 스스로 겸비하여 우리와 우리 어린 아이와 모든 소유를 위하여 평탄한 길을 그에게 간구하였으니

당시 그 길에는 바벨론과 애굽을 오가면서 무역을 하던 대상들을 약탈하고 그들의 생명까지도 빼앗던 도적들이 빈번했습니다. 때문에 많은 재물을 지참하고, 어린아이들까지 동행한 에스라 일행은 도적들의 표적이 되기 십상이었을 것입니다. 사실 에스라는 왕의 임명과 위탁을 받아가는 길이었기에 안전을 위해 호위병을 당연히 요청할 수 있는 상황에 있었습니다. 하지만, 그는 왕께 호위병을 요구하는 것을 부끄럽게 여기고 오직 하나님만 의지하기로 결정한 것입니다.

스 8:22 이는 우리가 전에 왕에게 아뢰기를 우리 하나님의 손은 자기를 찾는 모든 자에게 선을 베푸시고 자기를 배반하는 모든 자에게는 권능과 진노를 내리신다 하였으므로 길에서 적군을 막고 우리를 도울 보병과 마병을 왕에게 구하기를 부끄러워 하였음이라

그 이유는 에스라가 평소 왕 앞에서 '하나님을 배반하는 자는 진노를 피할 수 없지만 하나님을 찾는 모든 자는 반드시 지켜 주신다' 라는 간증을 해왔기 때문입니다. 에스라는 철저히 하나님을 신뢰하는 사람이었으며, 자신이 입술로 고백한 바를 그대로 실행하는 사람이었던 것입니다.

**2. ☐☐에 대해 깨끗한 신앙**

에스라는 페르시아 정부 및 바벨론에 거주하는 유대인들로부터 엄청난 재물을 증여받았습니다. 하지만, 에스라는 이 물질을 제사장들을 세워 투명하게 관리되게 했습니다.

스 8:24-25 그 때에 내가 제사장의 우두머리들 중 열두 명 곧 세레뱌와 하사뱌와 그의 형제 열 명을 따로 세우고 그들에게 왕과 모사들과 방백들과 또 그 곳에 있는 이스라엘 무리가 우리 하나님의 성전을 위하여 드린 은과 금과 그릇들을 달아서 주었으니

사실 에스라는 제사장이었기에 성전을 위해 바쳐진 그 재물들을 직접 관리해도 아무런 문제가 되지 않았을 것입니다. 또 그럴 경우 당시 경제적인 어려움에 처해 있었을 유대 사회 전체에서 막강한 영향력을 행사할 수도 있었을 것이고, 이로 말미암은 권력은 에스라의 개혁을 더욱 빨리 결실 맺게 할 수도 있었을 것입니다. 그러나 에스라는 이 같은 세상적인 방법들을 단호히 거절했습니다. 그는 오직 하나님의 영적 권세를 힘입어서 하나님의 방법으로만 이스라엘을 개혁하려고 했던 것입니다.

**3. ☐를 진심으로 슬퍼하는 신앙**

에스라는 포로에서 귀환한 이스라엘 백성들이 이방인들과 통혼하며, 그들의 생활방식을 따르고 있다는 정보를 접하고는 크게 근심하며 참회기도를 드렸습니다.

스 9:5-6 저녁 제사를 드릴 때에 내가 근심 중에 일어나서 속옷과 겉옷을 찢은 채 무릎을 꿇고 나의 하나님 여호와를 향하여 손을 들고 말하기를 나의 하나님이여 내가 부끄럽고 낯이 뜨거워서 감히 나의 하나님을 향하여 얼굴을 들지 못하오니 이는 우리 죄악이 많아 정수리에 넘치고 우리 허물이 커서 하늘에 미침이니이다

9장에 나타나는 에스라의 참회기도에는 '우리' 라는 말이 무려 31회나 나오고 있습니다. 에스라는 백성들의 죄가 곧 자신의 죄라는 의식과 아울러 그에 대한 책임을 강하게 느낀 것입니다.

에스라의 진실한 참회는 구체적인 회개운동을 일으키게 되었습니다. 그리하여 백성들은 이방인 처와 자녀를 내보내기로 서원하였습니다.

그러나 에스라는 이 같은 긍정적인 변화에도 불구하고 혼자 있을 때에도 참회하는 일을 계속했습니다.
스 10:6 이에 에스라가 하나님의 성전 앞에서 일어나 엘리아십의 아들 여호하난의 방으로 들어가니라 그가 들어가서 사로잡혔던 자들의 죄를 근심하여 음식도 먹지 아니하며 물도 마시지 아니하더니

참으로 에스라의 참회는 죄에 대한 미움으로부터 나타난 것이지 결코 어떤 목적을 가지고 신앙적인 행위를 연출한 것이 아니었습니다.

### 나의 이야기

■ 에스라의 신앙 중 나에게 가장 약한 부분과 가장 도전이 되는 것은 무엇입니까?

말과 믿음이 일치하는 신앙

물질에 대해 깨끗한 신앙

죄를 진심으로 슬퍼하는 신앙



정답 | ①말 ②행동 ③물질 ④죄

# 몸이 따르는 말

우리가 행동하는 것 이상 말할 수 없도록 만들어졌다면 좋았겠지만 사실 우리의 행함과 말 사이에는 어떤 관계도 필요치 않습니다. 이것은 우리 신앙생활에 가장 치명적인 맹점입니다.

주님은 말씀하시기 전에 행하셨고 이 행함이 그의 말씀에 확실성을 제공했습니다.

복음서는 예수님께서 행하시고 가르치기 시작하신 것들에 관한 기록입니다(행 1:1).

산상 수훈에서도 예수님은 "누구든지 이를 행하며 가르치는 자는 천국에서 크다 일컬음을 받으리라" 라고 말씀하셨습니다(마 5:19).

그러나 우리의 말은 능력 있지만 행위는 너무나도 미약합니다.

우리는 수백만 마디의 말을 퍼부어 대며 사랑과 헌신을 다짐합니다. 기독교인들이 주일날 드린 기도 중, 단 1%만 응답 되어도 하룻밤 사이에 온 세계가 다 변화될지도 모릅니다. 하지만, 신자들은 그 기도가 응답받을 것으로 기대하지 않으며 만일 그렇게 된다면 오히려 당황하고 즉시 기도를 취소시킬 것입니다.

어떤 공장도 원료는 그렇게 많이 쓰면서 제품은 그렇게 적게 낸다면 파산하고 말 것인데 신자는 이런 기도를 계속하고 있으니 이것이야말로 기독교인들의 가장 놀라운 특기인지도 모릅니다.

신앙생활에서 우리가 말에 안주하는 것은 행위가 너무나도 실제적인 대가를 요구하기 때문입니다. "주여 내가 매일 십자가를 짊어지고 가게 도와주시옵소서!"하고 기도하는 것은 쉽지만 십자가를 짊어지고 가는 것은 고통스러운 것입니다.

하지만, 이런 말들은 실제 그것을 행할 마음이 없음에도 불구하고 어느 정도는 종교적인 위로를 주기 때문에 우리는 그러한 말을 반복함으로 만족을 얻고 있는 것입니다. 우리는 날마다 입술에 파수꾼을 세워야 합니다.

"주님 제가 행함 없는 말의 함정에 빠지지 않도록 근신하게 하소서. 수사적인 미사여구를 쓰는 습관을 버리게 하시고 진정으로 뜻하지 않는 것은 말하지 않고 오직 결과를 취할 준비가 되어 있는 것만 이야기하게 하소서. 오 주님, 나의 행함이 언제나 나의 말에 힘을 주게 하소서. 아멘"

♥ memo

♥ memo